# LES NEUTRES

## PENDANT LA GUERRE D'ORIENT.

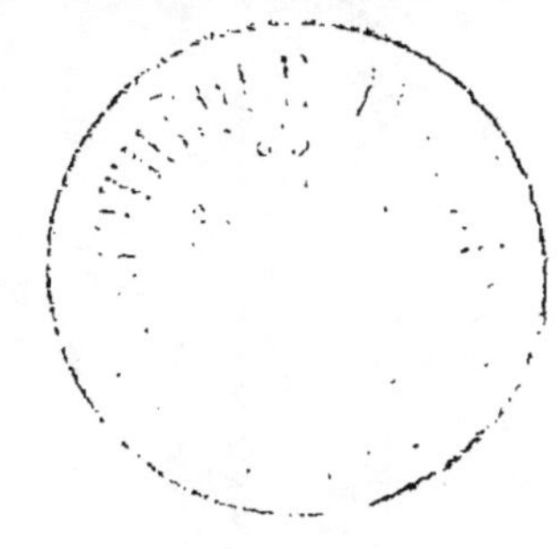

# LES NEUTRES

## PENDANT LA GUERRE D'ORIENT

### PAR S. EXC. M. DROUYN DE LHUYS

—

#### MÉMOIRE

LU A L'ACADÉMIE DES SCIENCES MORALES ET POLITIQUES

Dans la séance du 4 avril 1868.

———◦———

PARIS

—

1868

EXTRAIT DU COMPTE-RENDU
**De l'Académie des Sciences morales et politiques,**
RÉDIGÉ PAR M. CH. VERGÉ, AVOCAT, DOCTEUR EN DROIT,
Sous la direction de M. le Secrétaire perpétuel de l'Académie.'
T. LXXXIV.

# LES NEUTRES

## PENDANT LA GUERRE D'ORIENT.

Les péripéties qui ont amené la guerre d'Orient en 1854 sont présentes à tous les souvenirs. L'ambassade hautaine du prince Mentchikoff à Constantinople et ses exigences impérieuses avaient, en démasquant tout à coup les plans du cabinet de Saint-Pétersbourg, rapproché les puissances occidentales dans un sentiment de solidarité devant le péril qui s'annonçait. La France, d'abord particulièrement impliquée dans la discussion qui s'était engagée au sujet des Lieux-Saints, n'avait pas tardé à reconnaître et à proclamer le caractère européen du débat, agrandi par les prétentions inattendues de la cour de Russie. L'Angleterre, s'associant à nos vues, s'était placée résolûment à nos côtés. L'Autriche, la Prusse, la plupart des États de l'Europe, retrouvaient leur propre cause dans celle de l'équilibre général menacé, et témoignaient leur sympathie aux défenseurs de l'intérêt commun.

Bientôt la situation dessinée dans l'ombre des négociations diplomatiques se produisait au grand jour. La

Russie, poussant plus avant dans la voie où elle était entrée, passait des paroles aux faits et occupait une partie du territoire ottoman. Cette puissance, naguère si entourée de clients et d'amis, se condamnait ainsi elle-même à marcher dans l'isolement, car les alarmes qu'elle suscitait détachaient d'elle les derniers appuis de sa politique. L'Autriche, atteinte dans sa sécurité par les événements dont ses frontières étaient le théâtre, rassemblait ses troupes et se montrait disposée à soutenir, le cas échéant, ses protestations par les armes. La modération de la France et de l'Angleterre, qui avaient déterminé le Sultan à ne pas considérer comme un acte de guerre l'invasion d'une province de son empire, eût pu encore détourner la catastrophe. Mais la lueur sinistre de l'incendie de la flotte turque bombardée devant Sinope fit éclater aux yeux de tous l'inévitable nécessité de la guerre.

Les puissances alliées ne songèrent plus qu'à l'accomplissement des devoirs qui s'imposaient à elles. Unies pour le salut de l'Europe, que le démembrement de la Turquie eût exposée à une crise redoutable, la France et l'Angleterre puisaient dans le sentiment du droit et dans l'intimité d'une alliance honnête une force proportionnée à la grandeur de l'entreprise.

On se rappelle le prodigieux élan de ces jours de résolution énergique et de cordiale confiance. Les gouvernements, animés du même esprit qui entraînait les deux nations l'une vers l'autre, s'attachaient à faire disparaître, au profit de la civilisation et de l'humanité, les traces de divisions séculaires.

Un des objets essentiels sur lesquels devait d'abord se porter leur attention était la conduite qu'en leur qualité de belligérants ils auraient à observer à l'égard des puissances neutres. Sur ce point, comme sur tant d'autres, des traditions divergentes les séparaient. Cependant l'intérêt de la cause qu'ils avaient prise en main leur conseillait de se mettre d'accord, dès le début des hostilités, sur cette importante question. En effet, les forces alliées, appelées à opérer ensemble, dans des conditions identiques, pourraient-elles obéir à des principes dissemblables sans amener une confusion funeste et une série de conflits? N'était-il pas à présumer d'autre part que les neutres dont nous devions nous efforcer de conserver le bon vouloir, se verraient avec étonnement, dans une guerre entreprise au nom de l'équité internationale, soumis à des restrictions qui ne découleraient pas d'une règle constante et précise, et qu'ils réagiraient, au détriment de notre œuvre commune, contre les vexations d'une jurisprudence sans uniformité ?

L'histoire des derniers siècles atteste, par une suite de sanglants témoignages, combien la Grande-Bretagne et la France ont compris différemment, dans le passé, les droits et les devoirs des puissances maritimes en temps de guerre. Le profond dissentiment des deux nations à cet égard s'est manifesté par des luttes continuelles, où rien n'était épargné pour faire prévaloir l'une contre l'autre des législations opposées.

Au moment où allait s'ouvrir la guerre d'Orient, le droit professé par les deux nouvelles alliées, tel qu'il résultait, pour chacune d'elles, de leurs antécédents historiques, des stipulations fondamentales de leurs lois et de leurs traités avec d'autres États, enfin des livres de leurs publicistes les plus autorisés, pouvait se résumer comme il suit :

La France, s'armant du droit, reconnu par les usages de la guerre, de priver son ennemi d'une portion considérable de ses ressources au moyen de la destruction de son commerce maritime, mais combinant l'exercice de ce droit avec le principe de l'inviolabilité du pavillon des puissances non belligérantes, considérait qu'il lui était permis de saisir, avec les bâtiments ennemis, toutes les marchandises chargées à bord, même celles qui appartiendraient à des neutres. Fidèle d'autre part au respect dû aux puissances avec qui elle demeurait en paix, elle s'interdisait de capturer sur leurs navires la propriété même de ses ennemis.

L'Angleterre, ne se préoccupant que d'aller droit à la marchandise de son adversaire pour l'anéantir, et indifférente aux salutaires fictions derrière lesquelles s'abrite l'indépendance des petits États, s'arrogeait la faculté de visiter tout bâtiment rencontré en haute mer et, quel qu'en fût le pavillon, d'y confisquer les biens de l'ennemi. En revanche, elle s'abstenait de toucher à la propriété neutre, même sous pavillon belligérant.

C'était encore une tradition de la Grande-Bretagne que de défendre aux neutres, pendant la guerre, le commerce que les belligérants réservent en temps de paix à leurs propres sujets, comme c'est le cas dans plusieurs pays pour le cabotage et la navigation coloniale. Cette prétention, émise d'abord au début de la guerre de Sept-Ans, s'était maintenue dans la doctrine anglaise sous le nom de la Règle de 1756.

Enfin, en matière de blocus, les Anglais avaient adopté des pratiques contre lesquelles, au temps de nos grandes guerres, nous avions toujours élevé les protestations les plus vives. Tout en proscrivant en théorie les blocus sur papier, ils avaient fait des blocus par simples croisières une application non moins abusive. Il suffit de rappeler que le blocus continental, cette mesure gigantesque de rétorsion, a été provoqué, au commencement de ce siècle, par les excès dont le gouvernement britannique avait donné l'exemple.

Telles étaient les coutumes diverses qu'il s'agissait de ramener à l'unité. Dès les premiers jours de janvier 1854, le ministre des Affaires étrangères de France signalait, dans ses entretiens avec le représentant de la Grande-Bretagne à Paris, l'importance considérable qui s'attachait, selon lui, à une manifestation publique de bon accord entre les deux pays sur des questions d'une conséquence si décisive pour la nature de leurs rapports avec les puissances neutres.

Afin d'atteidre ce but, on devait éviter, disait-il, l'invocation des principes absolus, car l'opposition entre ceux que l'Angleterre maintenait avec une énergie traditionnelle, et ceux que nous nous faisions gloire de défendre, était tellement radicale, qu'en les dressant les uns en regard des autres, on se condamnait à une contradiction sans issue. Il fallait trouver un terrain sur lequel les alliés, en réservant au besoin leurs théories particulières, pussent se concerter pour une pratique commune. Or, cela n'était possible qu'à une condition, c'est que chacun renonçât, au moins pour la durée de la guerre, à user des facultés que l'un des deux s'estimait permises, mais que proscrivait l'autre. Il est concevable en effet que, sans répudier un droit, sans se départir d'une prétention, l'on s'abstienne pour un temps de les faire valoir, tandis qu'on ne saurait, sans inconséquence, exercer même exceptionnellement des actes dont on conteste la légitimité. Ce mode de transaction, laissant intactes les doctrines, ne heurtait aucun principe, ne soulevait aucun embarras. Destiné d'ailleurs à être accueilli avec reconnaissance par les puissances non belligérantes, il était conforme aux intérêts comme aux intentions libérales des alliés.

Un tel langage, tout en impliquant de notre part l'abandon de quelques-uns des priviléges que revendiquait notre marine, était cependant en harmonie avec nos traditions nationales, constamment favorables aux droits des neutres et à la liberté des mers. De sérieux motifs de réflexion, tirés de la situation générale du moment, nous encourageaient dans cette voie. L'initiative de la France et de l'Angleterre, marchant au secours d'un allié opprimé, avait l'opinion pour elle dans la plus grande partie de l'Europe, et cette disposition des esprits était un élément de force pour les deux puissances, qui pouvaient espérer en retirer un jour une aide plus effective encore. Une des conséquences heureuses de leur attitude était de leur permettre de déclarer l'alliance ouverte à tous les États qui, en vue de l'intérêt général, voudraient y accéder, dans les termes où elles-mêmes l'avaient conclue. Elles devaient donc veiller à ce que rien dans leur conduite ne vînt blesser les neutralités bienveillantes qu'elles désiraient transformer en concours avoué.

On sait, en effet, de quel poids pesèrent les puissances neutres dans les négociations relatives à la guerre d'Orient, combien le suffrage approbateur du plus grand nombre, l'adhésion formelle de quelques-unes, contribuèrent à assurer à la France et à l'Angleterre cette position prédominante que consacra définitivement le succès de leurs armes. Les Cours allemandes, en particulier, influèrent beaucoup par leurs résolutions sur la marche des événements. Or, au moment où la crise éclatait, l'Allemagne entière était soumise depuis trop longtemps à l'ascendant de notre adversaire, grands et petits États étaient rattachés à lui par trop de liens, pour qu'il fût sage, en prévision du rôle réservé à ce pays, de refroidir par l'alarme des intérêts matériels les sentiments qui commençaient à s'y faire jour en notre faveur. La prudence qui nous commandait de ménager le commerce allemand devait nous conseiller de même à l'égard des puissances scandinaves, dont la position géographique rendait, par les deux parties, l'amitié précieuse, l'hostilité inquiétante. Parmi les traditions qui liaient à la Cour de Pétersbourg les cabinets de Stockholm et de Copenhague, le souvenir des neutralités armées de 1780 et de 1800 tenait une place principale. Ces deux grandes manifestations étaient nées sous l'influence de la politique russe. Si nous reproduisions les prétentions qui les avaient provoquées autrefois, n'était-il pas à craindre que nous ne dussions soulever les mêmes résistances et pousser dans les bras de notre ennemi les peuples qui avaient obéi à ses instigations? Les États-Unis de l'Amérique du Nord étaient pour nous l'objet de préoccupations semblables. La Russie captait leur faveur, et elle était d'accord avec eux sur l'interprétation des lois de la mer. De tout temps, la grande puissance du Nouveau-Monde avait soutenu les droits des pavillons neutres. Fallait-il offrir à nos ennemis l'occasion de la rallier à eux sur ce terrain et de la tourner contre nous?

L'Angleterre n'était pas insensible à ces considérations, mais elle les combattait en alléguant l'impossibilité où serait son gouvernement d'abandonner, en face du pays, les règles réputées inviolables de son vieux droit maritime. Cependant le Danemark et la Suède avaient officiellement notifié leur intention de demeurer neutres en cas de conflit. Le Ministre des Affaires étrangères, écrivant à Londres au sujet de cette communication, en prenait texte pour presser le cabinet britannique de résoudre les questions qu'elle posait.

« Tâchez de connaître à cette occasion, mandait-il le
« 4 janvier 1854 à notre ambassadeur, quelles sont les
« dispositions actuelles du gouvernement anglais en ce
« qui concerne les neutres. C'est une matière sur la-
« quelle a régné jusqu'ici entre l'Angleterre et nous
« une grande différence d'opinions. J'ai d'ailleurs sujet
« de penser, d'après un commencement de polémique
« que j'ai remarqué dans les journaux anglais, que le
« commerce serait peu favorable à l'application des

« anciennes doctrines du gouvernement britannique dans
« toute leur rigueur. Je vous prie, tout en évitant d'en-
« tamer une discussion prématurée sur la question de
« droit, de recueillir sur ce point des informations aussi
« exactes que faire se pourra, et de chercher à savoir
« notamment à quelles obligations le cabinet de Londres
« croit le Danemarck et la Suède tenus envers lui dans
« l'exercice de la neutralité. Lord Clarendon n'ignore
« pas, sans doute, que la Russie éprouve un vif mécon-
« tentement de l'attitude de ces deux puissances, et en
« particulier de celle de la Suède. C'est une raison de
« plus pour nous, ce me semble, de croire à la sincérité
« des résolutions des cabinets de Copenhague et de
« Stockholm et de ne pas augmenter, par de trop
« grandes exigences, les embarras de leur position. »

Le 12 janvier, le ministre écrivait encore, en trans-
mettant à Londres une copie de la dépêche qu'il se
proposait d'adresser à Stockholm et à Copenhague :

« J'attacherais un grand prix à ce que la réponse de
« lord Clarendon fût conçue, autant que possible, dans
« le même sens que la nôtre, et pût tranquilliser entiè-
« rement la Suède et le Danemarck sur l'exercice de
« leur neutralité. Je sais que le gouvernement anglais
« n'est pas préparé à se départir de ses anciennes maxi-
« mes en matière de droit maritime ; mais je désire
« qu'au moins dans la pratique il mette sa conduite
« d'accord avec la nôtre, si la guerre vient à éclater. Tout
« prouve en effet que ce sera le meilleur moyen d'ac-
« croître les sympathies que nous témoignent les deux
« Cours scandinaves, et à cause de notre bon droit dans

« la question générale, et à cause des exigences bles-
« santes que le cabinet de Saint-Pétersbourg a mises
« en avant auprès d'elles. La neutralité même est un
« acte d'indépendance envers la Russie que leurs liens
« de famille et les événements de ces dernières années
« rendent très-méritoire et dont leur puissant voisin ne
« se dissimule pas le caractère peu bienveillant. C'est
« donc une attitude qui peut les rapprocher plus encore
« de nous dans certaines éventualités, et qu'il faut mé-
« nager avec soin. Trop de rigueur au contraire dans la
« surveillance des relations commerciales que le pavillon
« marchand de la Suède et du Danemarck tâchera d'en-
« tretenir avec les ports russes, pourrait refroidir des
« sentiments qui sont en ce moment tels que nous de-
« vons les désirer et amener les discussions d'une nature
« fâcheuse. Je sais que la Suède compte avec confiance
« sur la liberté du commerce sous pavillon neutre. »

Ce qui touchait particulièrement le gouvernement
anglais, c'était la crainte de voir l'Amérique incliner
contre nous et prêter à nos ennemis le concours de ses
hardis volontaires. La population maritime des États-
Unis, leur marine entreprenante, pouvaient fournir à la
Russie les éléments d'une flotte de corsaires, qui, attachés à son service par des lettres de marque, et cou-
vrant les mers comme d'un réseau, harcelleraient et
poursuivraient notre commerce jusque dans les parages
les plus reculés. Pour prévenir ce danger, le cabinet de
Londres tenait beaucoup à se concilier les bonnes dispositions du gouvernement fédéral. Il avait conçu l'idée
de lui proposer, en même temps qu'au gouvernement

français et à tous les États maritimes, la conclusion d'un arrangement ayant pour but la suppression de la course et permettant de traiter comme pirate quiconque, en temps de guerre, serait trouvé muni de lettres de marque. Ce projet, qui fut abandonné dans la suite, témoigne de l'inquiétude éprouvée par les Anglais. Nous pensions comme eux sur la course, pratique barbare qui masquait trop souvent, sous une apparence de dévouement patriotique, la violence excitée par l'appât du lucre. A des époques antérieures, justifiée par l'acharnement des guerres, elle avait pu, du sein de nombreuses iniquités, faire jaillir quelques actions héroïques, transmettre même à l'histoire quelques noms glorieux. Mais nous la considérions comme incompatible désormais avec les usages des nations civilisées, qui ne peuvent souffrir que des particuliers soient armés des droits de la guerre, et qui en réservent les redoutables applications aux pouvoirs publics des États constitués. Toutefois, avant de fixer irrévocablement notre opinion sur ce point par des engagements internationaux, nous désirions assurer une consécration semblable à d'autres progrès de la législation des mers. La conduite commune que nous proposions au gouvernement britannique d'observer dans notre lutte contre la Russie, nous paraissait le meilleur acheminement vers cet ensemble de réformes qui, dans notre pensée, étaient corrélatives entre elles.

Si, en fait, dans le système que nous proposions, nous avions moins de concessions à offrir que nous n'en demandions à l'Angleterre, ce n'était pas l'effet d'une prétention arbitraire de notre part, la nature même des choses le voulait ainsi. Pour aboutir à une conciliation entre deux pratiques divergentes, il fallait nécessairement que, sur chaque point en discussion, ce fût la plus libérale qui prévalût. Il n'y avait pas là seulement une question d'intérêt ou de convenance, mais une loi logique. L'Angleterre ne pouvait nous demander de nous arroger tout d'un coup, pendant la guerre que nous ferions en commun, des pouvoirs que nous contestions en principe et dont l'exercice à l'égard des tiers était réprouvé par nous depuis des siècles. Eût-elle admis elle-même que nous lui dissions, par exemple : si vous voulez que nous nous mettions d'accord, il faudra que vous consentiez à saisir, comme nous, les biens neutres sous pavillon ennemi? A un pareil langage les hommes d'État qui dirigeaient les Conseils de la reine Victoria n'eussent pas manqué de répondre : mais les biens neutres sont, d'après nos théories, inviolables partout et en tout état de cause ; nous l'avons proclamé mille fois; nous ne saurions aujourd'hui, par amour pour la symétrie, usurper un droit dont nous ne reconnaissons pas l'existence.

Au contraire, que les deux nations s'entendissent pour se relâcher de concert de la rigueur de leurs usages particuliers sur les points où l'une d'elles avait adopté une jurisprudence plus favorable aux tiers, et cette règle si simple tranchait toutes les difficultés. La France et l'Angleterre se rapprochaient, sans se dédire; leur tolérance n'infiligeait aucun blâme à leurs principes, aucun démenti à leurs déclarations antérieures. Une pente naturelle devait donc les amener à se rencontrer dans cette voie, et tout le poids de nos raisonnements résidait dans la force même de la position que, dès le début de la négociation, nous avions reconnue et prise.

L'intimité qui de jour en jour se resserrait plus étroitement entre nos alliés et nous, garantissait d'ailleurs à nos suggestions plus de crédit et nous autorisait à les présenter d'une manière plus pressante. Au moment même où se traitait cette affaire, les deux gouvernements se donnaient un gage mutuel de leur union par les instructions qu'ils adressaient à leurs agents consulaires et diplomatiques, aux gouverneurs de leurs colonies, aux commandants et aux officiers de leurs marines respectives, afin d'étendre indistinctement aux sujets anglais et français, dans toutes les parties du monde, leur protection réciproque. Ainsi, aux yeux des nations étrangères, la France et l'Angleterre confondaient leurs drapeaux. Une telle solidarité rendait plus urgente la nécessité d'une entente complète sur les principes de leur action combinée. D'autre part l'anxiété des intérêts privés, la pression de l'opinion publique, les besoins impérieux du commerce, exigeaient qu'on mît fin à toute incertitude. Dans les derniers jours de février, des interpellations eurent lieu au parlement britannique. Un des ministres de la couronne répondit que la Reine ferait publiquement connaître ses intentions à l'égard des neutres, avant toute déclaration de guerre. A cette occasion, le ministre français, avec une nouvelle insistance, écrivait à notre ambassadeur, en date du 1er mars :

« Je regretterais vivement que l'Angleterre procédât
« à une mesure de cette importance sans se concerter

« préalablement avec nous. Il serait du plus mauvais
« effet, au début d'une guerre faite en commun, que
« les deux pays parussent divisés sur des théories,
« lorsque dans la pratique ils doivent agir ensemble.
« Veuillez appeler de nouveau l'attention de lord Cla-
« rendon sur cet objet. Il me semble que, sans réveiller
« une controverse qui alarmerait des intérêts que tout
« nous conseille de ménager avec soin, il serait suffisant
« de rédiger pour les commandants de nos bâtiments
« des instructions strictement calculées d'après les né-
« cessités de la guerre actuelle et de nature à rassurer
« les neutres, particulièrement ceux que les habitudes
« de leur commerce portent à naviguer de préférence
« dans la mer Noire ou dans la mer Baltique. De cette
« façon, l'Angleterre et la France réserveraient chacune
« leur doctrine, et leur action se confondrait dans une
« même pratique, que l'on serait toujours maître de
« rendre plus sévère, pendant le cours des hostilités,
« si les circonstances venaient à l'exiger. »

A cette dépêche, qui résumait les conversations du
Ministre des Affaires étrangères avec l'ambassadeur anglais à Paris, le gouvernement britannique répondait
que les avocats de la Couronne avaient été consultés,
qu'on avait débattu à plusieurs reprises la ligne de
conduite qu'il convenait d'adopter à l'égard des neutres,
qu'avant peu l'on serait en mesure de prendre une dé-
cision, mais qu'on ne le ferait certainement pas sans se
concerter avec le gouvernement de l'Empereur; il y
avait lieu d'espérer qu'on pourrait admettre quelques
principes généraux se rapprochant de ceux que la France

avait appliqués de tout temps; enfin si l'on ne pouvait s'entendre sur une énonciation de principes, on tâche-cherait au moins de rédiger, pour les commandants des forces navales, des instructions conçues dans les termes indiqués par nous.

Quelques jours après, le 14 mars, lord Cowley communiquait au Ministre des Affaires étrangères à Paris un projet de déclaration dans lequel le gouvernement britannique, après avoir réservé la question de droit, s'engageait à borner la visite en haute mer à la vérification de la nationalité du navire et aux mesures requises pour constater s'il n'y avait à bord ni contrebande de guerre, ni correspondances de l'ennemi; il admettait du reste que le pavillon neutre couvrirait la marchandise ennemie, tout en laissant intacte sous pavillon ennemi la marchandise neutre; il manifestait enfin l'intention de ne pas délivrer de lettres de marque, et de traiter comme pirates tous ceux de ses sujets qui en accepteraient.

Ce document qui, avant d'être envoyé à Paris, avait subi plusieurs modifications afin d'arriver à une plus grande conformité avec les doctrines françaises, contenait des concessions importantes. La plus essentielle était le respect, tout nouveau de la part de l'Angleterre, de la marchandise ennemie sous pavillon neutre. Éclairé sur le côté politique de la question, le gouvernement britannique avait senti la nécessité de rassurer les puissances neutres, qu'effrayait le souvenir de la violation constante de leur pavillon par ses croiseurs pendant les dernières guerres, et de toutes les vexations qu'avait

entrainées l'exercice du droit de visite poussé à outrance.
Quand ce droit en effet impliquait la recherche de toutes
les marchandises auxquelles pouvait être attribuée une
provenance ennemie, il revêtait la forme la plus into-
lérable, et l'emploi qu'en avait fait la Grande-Bretagne
était de nature à répandre l'effroi parmi les nations non
belligérantes. Restreint aux termes où le cabinet de
Londres voulait le maintenir, il pouvait encore, dans la
pratique, laisser la porte ouverte à bien des abus de
la force, et nous jugions qu'il devait être entouré de
garanties plus protectrices pour les neutres.

C'est sur ce point que porta principalement la discussion entre le ministre français et l'ambassadeur
d'Angleterre. A la suite de ce débat, qui s'étendit également sur plusieurs articles de détail, la déclaration
anglaise, refondue, fut renvoyée à Londres le 20 mars,
sous forme d'un projet nouveau que pourrait s'appro-
prier, pour la circonstance actuelle, chacun des deux
gouvernements, si le cabinet britannique en venait à
partager notre manière de voir.

« Ce projet, écrivait le ministre dans la lettre qui en
« accompagnait l'envoi, a été préparé entre lord Cowley
« e' moi dans des entretiens confidentiels sur cette ma-
« tière délicate. Je viens d'en donner communication à
« M. le Ministre de la Marine en le priant de me faire
« connaître son opinion le plus tôt possible. Nous
« avons, ce me semble, à opter entre une déclaration
« commune qui, s'appliquant uniquement à la présente
« guerre, n'engagerait pas les maximes de l'Angleterre
« et dans laquelle nous n'abandonnerions pas les nôtres,

« ou deux déclarations simultanées qui, annonçant les
« mêmes intentions quant à la conduite et aux instruc-
« tions données aux commandants des forces navales
« respectives, réserveraient également la différence de
« nos doctrines : mais j'inclinerais pour une seule
« déclaration, qui serait plus satisfaisante pour les
« neutres, et qui, en constatant mieux notre parfait
« accord, frapperait plus fortement les esprits. »

Le 24 mars le Ministre des Affaires étrangères écrivait
encore en ces termes au comte Walewski, notre ambassadeur à Londres .

« Les observations que lord Cowley m'a présentées
« sur le projet de déclaration relatif à la neutralité, que
« j'ai eu l'honneur de vous adresser le 20 de ce mois,
« donnent lieu, de notre part, à certaines remarques
« sur lesquelles je crois utile d'appeler votre attention.

« Pour parvenir à faire une déclaration commune,
« on devait se borner à formuler ce que les deux nations
« entendaient admettre ou repousser pendant la durée
« de la guerre actuelle. Les théories de la France et de
« l'Angleterre étant différentes, il était indispensable
« d'éviter tout ce qui pouvait ressembler à une sorte de
« déclaration de principes. Le projet que je vous ai
« communiqué était une transaction entre les systèmes
« des deux pays; il ne faisait prévaloir ni l'une ni
« l'autre de ces doctrines.

« Si le gouvernement anglais désire que sa déclaration
« indique qu'il réserve l'application de tel ou tel prin-
« cipe, » ou « qu'il renonce, quant à présent, à l'exercice
« de tel ou tel droit, en indiquant ainsi qu'il considère ce

« principe comme reconnu, et ce droit comme lui appar-
« tenant, il faudra nécessairement en venir à faire deux
« déclarations, semblables quant au fond, mais différentes
« quant à la forme ; car évidemment le gouvernement
« français ne peut dire qu'il renonce « à l'exercice d'un
« droit » dont il a toujours contesté l'existence, ou
« qu'il réserve « l'application d'un principe, » quand il a
« sans cesse refusé de le reconnaître. Ceci du reste
« n'est qu'une simple question de forme ; ce qui im-
« porte le plus en réalité, c'est que les deux gouverne-
« ments soient d'accord quant aux règles pratiques qui
« devront être appliquées.

« Je passe à l'examen de deux points importants et
« sur lesquels je vous invite à appeler plus spécialement
« l'attention de lord Clarendon.

« Le premier est relatif aux marchandises neutres
« saisies à bord de navires ennemis. Le projet que je
« vous ai envoyé, déclarait que la confiscation n'en serait
« pas prononcée ; c'est là une question très-grave en
« elle-même, très-délicate surtout pour le gouvernement
« français. Il est à craindre en effet, que les marchan-
« dises ennemies chargées à bord de navires ennemis
« n'arrivent à naviguer sans danger, au moyen de neu-
« tralisations simulées ; et d'autre part, les lois fraaçaises,
« prononçant la confiscation des navires ennemis sans
« admettre d'exception pour les marchandises neutres,
« il faudra peut-être une loi nouvelle pour enlever aux
« marins qui ont des droits à exercer, cette part souvent
« très-considérable de leurs prises. C'est une question
« du reste au sujet de laquelle j'aurai à m'entendre,

« comme sur toutes les autres, avec M. le Ministre de la
« Marine. Mais je ne puis le consulter utilement sur ces
« divers points que lorsque j'aurai été officiellement et
« complètement informé des propositions définitives du
« cabinet britannique.

« Le gouvernement anglais paraît insister pour que le
« projet de déclaration défende aux neutres de se livrer,
« pendant la guerre, soit au commerce colonial, soit au
« cabotage, s'ils sont réservés pendant la paix.

« Je n'ai pas besoin de vous rappeler avec quelle per-
« sistance le gouvernement français, à toutes les époques,
« a soutenu les réclamations nombreuses et vives que
« l'adoption de cette règle souleva, dès l'origine, de la
« part des nations neutres. La France est donc liée par
« ses précédents historiques ; elle l'est également par
« des traités faits avec plusieurs États, dont elle s'est
« engagée à laisser les navires naviguer librement en
« temps de guerre, même entre deux ports ennemis.
« Comment pourrions-nous aujourd'hui nous associer à
« une disposition qui refuserait aux neutres un droit que
« nous avons toujours revendiqué pour eux, et que nous
« avons même proclamé solennellement dans nos traités?

« Je n'indique qu'en passant l'intérêt particulier que
« cette question présente pour la France, et les consé-
« quences différentes que l'adoption de la règle proposée
« aurait pour les deux pays. L'Angleterre, qui admet en
« tout temps les pavillons étrangers à prendre part au
« cabotage et au commerce des colonies, n'a rien à
« craindre de l'application qui pourrait lui en être faite ;
« la France au contraire, qui réserve encore ces navi-

« gations au pavillon national, pourrait avoir éventuel-
« tuellement à souffrir de la règle qu'on l'invite à pro-
« clamer.

« Je me demande du reste, s'il y a un intérêt consi-
« dérable, pour la guerre actuelle, à insérer dans la
« déclaration une disposition semblable. La Russie, il
« est vrai, réserve en temps de paix le cabotage et le
« commerce des colonies; mais, dans la Baltique, le
« cabotage ne se fait qu'entre un petit nombre de ports,
« qu'il sera facile aux flottes de former complètement
« au moyen d'un blocus effectif. Il en est de même de
« la mer Noire, sur laquelle les flottes combinées do-
« minent. Quant au commerce de l'Amérique russe, qui
« est le monopole d'une compagnie, s'il vient à être
« exercé par les vaisseaux des États-Unis, il en pour-
« rait résulter, dans un intérêt minime, des complica-
« tions graves, que la France a d'autant plus le désir
« d'éviter sur cette question, que son traité de 1778
« avec les États-Unis est un de ceux où le droit des
« neutres de se livrer, pendant la guerre, aux commerces
« réservés, a été formellement stipulé.

« Je me plais à reconnaître, du reste, tous les efforts
« que le gouvernement anglais a faits pour se rappro-
« cher autant que possible des doctrines de la France,
« et vous pouvez assurer de nouveau lord Clarendon de
« notre désir sincère d'entrer dans la voie des transac-
« tions mutuelles. Nous en avons donné la preuve sur
« la question des marchandises neutres à bord des
« navires ennemis. Mais, en ce qui concerne le droit
« des neutres de se livrer aux navigations réservées,

« lord Clarendon reconnaîtra, j'en suis certain, que la
« concession ne saurait venir de notre part. Le gouver-
« nement anglais, en effet, qui regarde la prohibition
« comme fondée sur le droit des gens, peut bien renon-
« cer à s'en prévaloir, tout en réservant son système,
« tandis que la France ne saurait proclamer une règle
« que, d'après ses principes, elle ne se croit pas auto-
« risée à appliquer.

« Telles sont les observations que je vous prie de
« présenter à lord Clarendon. J'espère qu'elles le déter-
« mineront à écarter de la déclaration anglaise une
« règle que la France ne pourrait faire figurer dans la
« sienne. Jusqu'ici les deux gouvernements ont saisi
« toutes les occasions de faire ressortir la solidarité
« complète qui unit si heureusement les deux nations;
« il importe que cette même pensée continue de se révé-
« ler jusque dans les règles à établir pour les questions
« secondaires. Si, sur certains points, les deux pays ne
« peuvent adopter les mêmes principes, il me paraît du
« moins très-désirable qu'ils évitent, surtout dans une
« déclaration solennelle, d'en proclamer de différents.

« Vous voudrez bien me faire connaître le plus tôt
« qu'il vous sera possible, le résultat de l'entretien que
« vous aurez eu avec lord Clarendon. »

Les points délicats touchés dans cette dépêche faisaient
beaucoup hésiter l'Angleterre. Cependant les événements
marchaient, le temps pressait. Le 26 mars, le Ministre
des Affaires étrangères, signalait, dans une dépêche télégraphique, la nécessité d'une prompte résolution : « In-
« sistez, mandait-il à M. le comte Walewski, sur les

« très-graves inconvénients d'une déclaration séparée
« qui ferait douter de l'entente des deux pays, alarmerait
« les neutres, et amènerait d'involontaires et inévitables
« conflits entre les commandants. Si lord Clarendon
« accepte le principe d'une déclaration commune, sauf
« à régler le détail par des instructions séparées, priez-le
« de me faire communiquer son projet pour que je
« puisse m'entendre avec le Ministre de la Marine et
« arriver à une conclusion. » Reprenant sa pensée dès
le lendemain pour la développer, voici ce qu'écrivait le
Ministre en date du 27 :

« Mes entretiens avec lord Cowley ont été consacrés
« depuis quelques temps, à l'examen de l'importante
« et délicate question des droits des neutres. Lord
« Clarendon a dû être informé presque journellement
« de l'objet de ces discussions, et je sais que M. l'Am-
« bassadeur d'Angleterre lui avait déjà transmis le
« projet de déclaration dont nous avons posé les bases
« ensemble. Ce Ministre se trouvait ainsi tout préparé
« à recevoir la communication que je vous chargeais de
« lui faire par ma dépêche du 24 de ce mois et dont le
« but était de l'amener à émettre une opinion défini-
« tive sur des points qu'il a eu le temps d'examiner.
« Ma dépêche télégraphique d'hier vous aura prouvé
« l'intérêt que le gouvernement de l'Empereur attache
« à sortir d'une indécision qui, aujourd'hui que l'état
« de guerre est proclamé, ne saurait se prolonger sans
« les plus graves inconvénients. J'espère que vos efforts
« auront déterminé le principal secrétaire d'État de
« S. M. Britannique à renoncer au système pour lequel

« il avait laissé percer ses préférences et qui consisterait
« dans la publication de deux déclarations, non-seule-
« ment séparées, mais distinctes quant aux principes
« qui y seraient émis ou réservés. Ce n'est qu'avec le
« plus vif regret que nous verrions l'Angleterre adopter
« une marche qui, dès le principe même d'une guerre
« faite en commun, accréditerait l'opinion d'une diver-
« gence entre les deux gouvernements et affaiblirait,
« aux yeux de nos adversaires, l'effet politique de l'union
« intime et complète qui a donné à notre diplomatie la
« force qu'il est maintenant plus nécessaire que jamais
« de conserver pour nos actes.

« Si de l'ensemble nous descendons aux détails, les
« dangers ne sont pas moins grands. Entre la déclara-
« ration de la France et celle de l'Angleterre, les neutres
« feront un choix et nul doute qu'ils ne se rangent
« plus volontiers autour de la puissance qui, par sa
« fidélité à des traditions auxquelles ils sont inviolable-
« ment attachés, leur apparaîtra comme le champion
« de leur propre cause. Ne serait-il pas préférable de
« leur montrer leur sûreté dans l'union des deux ma-
« rines et d'éviter avec soin de raviver une vieille que-
« relle qui alarmerait leurs intérêts, exciterait leurs
« passions et les reporterait peut-être moralement dans
« un autre camp que le nôtre ?

« D'un autre côté, et ce n'est pas une des moindres
« objections à faire au système indiqué par lord Cla-
« rendon, comment concevoir qu'en présence de deux
« déclarations distinctes établissant une séparation théo-
« rique entre les gouvernements, leurs amiraux et leurs

« officiers de mer s'entendent dans la pratique? Il sur-
« gira entre eux, je ne veux pas dire des conflits, mais
« des divergences involontaires et inévitables qui nuiront
« aux succès de leurs opérations.

« Les États-Unis enfin sont prêts, je ne saurais en
« douter, à revendiquer le rôle que nous déclinerions
« et à se faire les protecteurs des neutres, qui eux-
« mêmes recherchent leur appui. Le cabinet de Was-
« hington nous propose en ce moment de signer un
« traité d'amitié, de navigation et de commerce où il a
« inséré une série d'articles destinés à affirmer avec une
« autorité nouvelle les principes qu'il a toujours sou-
« tenus et qui ne diffèrent pas des nôtres. Le principal
« secrétaire d'État de S. M. Britannique comprendra que
« nous n'aurions aucun moyen de ne pas répondre fa-
« vorablement à l'ouverture qui nous est faite, si la
« France et l'Angleterre, bien que se trouvant engagées
« dans une même entreprise, affichaient publiquement
« des doctrines opposées. Que les deux gouvernements,
« au contraire, s'entendent sur les termes d'une décla-
« tion commune, et nous pouvons alors ajourner l'examen
« des propositions des États-Unis. Il me paraît difficile
« que ces considérations ne frappent pas l'esprit de lord
« Clarendon, et j'espère qu'il se décidera à accepter un
« projet, qui, se bornant à tenir compte des conditions
« de la guerre actuelle, laissera de côté des principes
« qu'il est d'autant moins opportun de soulever ou de
« rappeler que leur application serait inutile, et dont
« les effets, comme dans la question du cabotage sur
« les côtes des pays ennemis, par exemple, peuvent être

« remplacés par l'emploi de mesures pratiques au sujet
« desquelles tout le monde est d'accord. Les instruc-
« tions données aux commandants des bâtiments de
« guerre des deux pays suppléeraient naturellement à
« ce qu'il y aurait d'incomplet dans la déclaration iden-
« tique ; il serait toutefois nécessaire, même dans le cas
« où ces instructions devraient conserver quelques traces
« des doctrines particulières de la France et de l'Angle-
« terre, qu'elles fussent concertées en commun, et vous
« donnerez à lord Clarendon l'assurance que M. le Mi-
« nistre de la Marine emploierait tous ses soins à se rap-
« procher autant que possible de l'Amirauté dans les
« directions qu'il transmettrait à nos amiraux. »

Le même jour, le Ministre adressait à Londres un nouveau projet de déclaration, précédé d'un court préambule,
et où il s'était efforcé de se rapprocher le plus possible,
pour la forme comme pour le fond, des idées exprimées
par l'Angleterre.

« Cette déclaration, écrivait-il, que j'ai concertée dé-
« finitivement avec M. le Ministre de la Marine, ne con-
« sacre que les principes essentiels sur lesquels il importe
« de constater l'accord des deux gouvernements ; des
« instructions séparées, qui pourront d'ailleurs être
« réciproquement communiquées, règleront l'application
« de ces principes suivant la législation de chacun des
« deux pays et résoudront, sous ce point de vue spécial,
« les difficultés sur lesquelles la divergence des doctrines
« respectives ne permet pas un accord patent, du moins
« immédiat. »

Cet envoi se croisa en route avec un contre-projet

dans lequel les Anglais, malgré nos observations, maintenaient l'interdiction du commerce neutre « *in transitu* entre deux ports appartenant à l'ennemi, » et lord Cowley, le 28 mars, faisait savoir que cette rédaction était définitivement adoptée par le Conseil de Sa Majesté Britannique.

Elle était inacceptable pour nous. Le jour même le Ministre des Affaires étrangères constatait dans ces termes l'impossibilité de s'entendre : « Je regrette, écrivait-il à « Londres, qu'en rappelant dans cet acte des théories « qui ne sont pas les nôtres, et en y insérant l'interdic- « tion du commerce de cabotage ainsi que le principe « de la limitation du commerce des neutres au seul com- « merce permis en temps de paix, le gouvernement bri- « tannique nous place dans la nécessité de faire une « déclaration séparée. Cette déclaration comprendra tous « les points indiqués dans le projet joint à ma dépêche « d'hier, sauf le préambule, dont j'ai fait l'objet d'un « rapport à l'Empereur. J'ai obtenu, ainsi que vous le « verrez, l'assentiment de M. le Ministre de la Marine « à la règle qui exempte de la saisie la marchandise « neutre à bord d'un navire ennemi.

« Lord Cowley m'a communiqué en même temps le « projet des instructions destinées aux commandants « des bâtiments de guerre anglais, en m'anonçant qu'il « était sur le point d'être signé. Dès lors il est superflu « de relever les questions qu'il tend à résoudre dans un « sens opposé à nos principes et à notre législation. Il « ne nous reste qu'à rédiger, à notre point de vue, les « instructions destinées à nos propres croiseurs. Je « viens de prier M. le Ministre de la Marine de préparer

« ce travail, que j'aurai soin de vous communiquer pour
« être porté à la connaissance du gouvernement britan-
« nique. J'ai l'espoir que, dans l'exécution, cette di-
« vergence des instructions n'entraînera pas d'inconvé-
« nients graves, car nous sommes d'accord sur les points
« les plus essentiels, et je reconnais particulièrement
« l'esprit de libéralité avec lequel le gouvernement
« anglais s'est rapproché de nos principes en ma-
« tière de blocus. Cependant, si quelque dissentiment
« se présentait, je n'aurais qu'à regretter d'autant plus
« les retards qu'ont éprouvés la préparation et la com-
« munication des projets sur lesquels une entente préa-
« lable aurait été si désirable. »

C'était un vif désappointement pour les deux gouvernements que de voir échouer leur entente par suite d'une
dissidence d'un intérêt médiocre pour la conduite de la
guerre actuelle. Mais la France était liée par des engagements positifs avec d'autres puissances, et il lui était ju-
ridiquement impossible, quand même elle eût été moralement libre, de se départir de la position où elle s'était
retranchée. Dans les matières où sa latitude d'action
n'était pas restreinte à l'avance, elle avait témoigné de
son empressement à aller au-devant de son alliée en
élargissant sa législation ancienne. Ainsi tous les projets
envoyés à Londres prononçaient l'abolition de la course,
et, abandonnant les usages séculaires de notre marine,
nous venions de consacrer définitivement l'immunité de
la propriété neutre sous pavillon ennemi. Nous avions
donné la pleine mesure de nos dispositions conciliantes;
il ne nous était plus permis de la dépasser.

Bien que les déterminations notifiées par l'ambassadeur d'Angleterre parussent irrévocables, le cabinet britannique se rendait bien compte des embarras de la situation. Il était particulièrement sensible aux inconvénients que devait avoir la promulgation simultanée de deux règles différentes, destinées à être parallèlement appliquées aux nations neutres. Au dernier moment, le conseil fut assemblé de nouveau. Après une longue discussion, il fut décidé que l'article qui avait provoqué nos objections serait rayé de la déclaration anglaise. Dès lors l'entente était complète. Pour arriver à une identité absolue, il nous était facile de plier notre projet aux formes traditionnelles que doivent revêtir les ordres en conseil émis au nom de la reine du Royaume-Uni. En quelques heures, grâce au télégraphe, les deux cabinets purent constater leur accord et aviser à la publication immédiate de leur déclaration commune. Le texte français, précédé d'un rapport à l'Empereur, parut au *Moniteur* du 30 mars 1854, avec la date du jour précédent. On voit qu'il n'y avait pas eu de temps perdu. Voici ces deux pièces :

### RAPPORT A L'EMPEREUR.

« Sire,

« A une époque où les relations maritimes et les intérêts
« commerciaux occupent une si large place dans l'existence
« des peuples, il est du devoir d'une nation qui se trouve
« contrainte à faire la guerre de prendre les mesures néces-
« saires pour en adoucir autant que possible les effets, en
« laissant au commerce des peuples neutres toutes les facili-
« tés compatibles avec cet état d'hostilité auquel ils cherchent
« à demeurer étrangers.

« Mais il ne suffit pas que les belligérants aient la pensée
« intime de respecter toujours les droits des neutres ; ils
« doivent de plus s'efforcer de calmer, par avance, ces in-
« quiétudes que le commerce est toujours si prompt à con-
« cevoir, en ne laissant planer aucun doute sur les principes
« qu'ils entendent appliquer.

« Un règlement sur les devoirs des neutres pourrait pa-
« raître une sorte d'atteinte à la souveraineté des peuples qui
« veulent garder la neutralité ; une déclaration spontanée
« des principes auxquels un belligérant promet de confor-
« mer sa conduite, semble, au contraire, le témoignage le
« plus formel qu'il puisse donner de son respect pour les
« droits des autres nations.

« C'est dans cette pensée qu'après m'être concerté avec le
« gouvernement de Sa Majesté britannique, j'ai l'honneur de
« soumettre à la haute approbation de Votre Majesté la décla-
« ration suivante.

« Je suis avec respect,

    « Sire,

             « de votre Majesté
        « le très-humble et très-obéissant serviteur
          « et fidèle sujet,
            « DROUYN DE LHUYS.

« Approuvé :

  « NAPOLÉON.

« Paris, le 29 mars 1854. »

---

## DÉCLARATION

RELATIVE AUX NEUTRES, AUX LETTRES DE MARQUE, ETC.

« S. M. l'Empereur des Français, ayant été forcée de
« prendre les armes pour soutenir un allié, désire rendre la
« guerre aussi peu onéreuse que possible aux puissances
« avec lesquelles elle demeure en paix.

« Afin de garantir le commerce des neutres de toute
« entrave inutile, Sa Majesté consent, pour le présent, à re-
« noncer à une partie des droits qui lui appartiennent comme
« puissance belligérante, en vertu du droit des gens.

« Il est impossible à Sa Majesté de renoncer à l'exercice
« de son droit de saisir les articles de contrebande de guerre,
« et d'empêcher les neutres de transporter les dépêches de
« l'ennemi. Elle doit aussi maintenir intact son droit,
« comme puissance belligérante, d'empêcher les neutres de
« violer tout blocus effectif qui serait mis, à l'aide d'une
« force suffisante, devant les forts, les rades ou côtes de
« l'ennemi.

« Mais les vaisseaux de Sa Majesté ne saisiront pas la pro-
« priété de l'ennemi chargée à bord d'un bâtiment neutre, à
« moins que cette propriété ne soit contrebande de guerre.

« Sa Majesté ne compte pas revendiquer le droit de confis-
« quer la propriété des neutres, autre que la contrebande de
« guerre, trouvée à bord des bâtiments ennemis.

« Sa Majesté déclare en outre que, mue par le désir de
« diminuer autant que possible les maux de la guerre et d'en
« restreindre les opérations aux forces régulièrement organi-
« sées de l'Etat, elle n'a pas, pour le moment, l'intention
« de délivrer des lettres de marque pour autoriser les arme-
« ments en course. »

Le jour où, des deux côtés de la Manche, cette déclaration fut rendue publique, le Ministre des Affaires étrangères écrivait à Londres :

« Je me félicite vivement de la preuve éclatante que la
« France et l'Angleterre viennent de donner de leur bon
« accord dans la question si importante des droits réservés
« aux neutres pendant la guerre actuelle. L'harmonie qui
« s'est établie entre les deux cabinets sur un point où l'on
« aurait pu croire qu'il leur serait, malgré leur sincère envie
« d'y parvenir, extrêmement difficile de s'entendre, produira
« partout la meilleure impression et conciliera aux puis-
« sances auxquelles appartient l'initiative de cette généreuse

« résolution les sympathies des nations commerçantes dans
« le monde entier. Veuillez dire à lord Clarendon que le gou-
« vernement de l'Empereur apprécie comme il le doit l'es-
« prit qui a présidé aux délibérations du gouvernement de la
« reine Victoria sur un sujet qui lui tenait particulièrement
« à cœur, et qu'il en considère le règlement, dans les termes
« où il s'est fait, comme un des meilleurs résultats de l'in-
« time alliance des deux pays. »

La confiance exprimée dans cette lettre ne fut pas
déçue. L'accord si nouveau de la France et de l'Angleterre sur les règles de droit maritime fut salué avec
joie par les neutres, comme l'aurore d'un jour de justice
et de réparation. Placés à l'abri des violences de la
guerre, ils n'avaient plus à craindre d'être entraînés
dans la querelle d'autrui, et ils demeuraient libres de
poursuivre en paix, au milieu de combats auxquels ils
étaient étrangers, leur commerce accoutumé, pourvu
qu'aucune fraude n'appelât sur eux la sévérité des belligérants.

Les alliés, en notifiant aux divers gouvernements les
dispositions qu'ils avaient adoptées, rappelèrent que le
strict accomplissemant des devoirs de la neutralité était
la condition et la garantie du maintien des avantages
que ces dispositions conféraient aux neutres. Tel était
l'objet de la circulaire suivante, qui fut adressée par le
Ministre des Affaires étrangères à tous les agents de
son département accrédités auprès des puissances non
engagées dans la lutte. Elle porte la date du 30 mars :

MONSIEUR,

« Le *Moniteur* de ce jour publie la déclaration du
« gouvernement français au sujet des neutres, ainsi que

« le rapport que j'ai présenté à l'Empereur en la soumettant
« à sa haute approbation. Vous trouverez ci-joint copie de
« ces deux documents.

« Le gouvernement de Sa Majesté britannique a promul-
« gué, de son côté, la même déclaration.

« Au moment où les deux États prennent les armes pour
« la défense commune d'un allié, ils ne pouvaient donner
« une preuve plus éclatante de la parfaite conformité de
« leurs sentiments et de l'esprit de solidarité qui les unit,
« qu'en adoptant les mêmes résolutions dans une matière
« sur laquelle, jusqu'ici, leurs principes avaient été si diffé-
« rents.

« Pénétré de cette sollicitude que la France a toujours té-
« moignée pour les neutres, le gouvernement de l'Empereur
« s'était dès longtemps préoccupé des questions graves que
« la neutralité soulève, pour en préparer la solution dans le
« sens le plus favorable aux intérêts des peuples avec les-
« quels il demeure en paix. Je m'empresse de reconnaître
« qu'il a trouvé le gouvernement de Sa Majesté britannique
« animé des mêmes désirs, et déjà pénétré de la pensée de
« laisser les neutres en possession de tous les avantages que
« les nécessités indispensables de la guerre ne feraient point
« un devoir absolu de restreindre.

« C'est cette communauté de vues qui a dicté la déclara-
« tion adoptée par les deux gouvernements ; et, je n'hésite
« pas à le dire, jamais un document de cette nature n'a été
« conçu dans des termes aussi favorables.

« L'intention de ne point délivrer de lettres de marque y
« est officiellement annoncée ;

« La nécessité du blocus effectif est admise ;

« Le pavillon neutre couvrira la marchandise, et pourtant
« la marchandise neutre restera libre sous pavillon ennemi :

« Tels sont les avantages qui vont être assurés au com-
« merce pendant la guerre ; et même, lorsqu'elle sera termi-
« née, cette déclaration commune demeurera comme un pré-
« cédent considérable acquis à l'histoire de la neutralité.

« Mais si l'union intime de la France et de l'Angleterre a
« permis de consacrer un système aussi avantageux pour les

« nations neutres, il doit en résulter pour celles-ci une obli-
« gation plus stricte de respecter d'une manière complète
« les droits des belligérants. Nous avons donc raison d'espé-
« rer que les gouvernements neutres non-seulement ne feront
« aucun acte qui puisse présenter un caractère hostile, mais
« qu'ils s'empresseront de prendre toutes les mesures néces-
« saires pour que leurs sujets s'abstiennent de toute entre-
« prise contraire aux devoirs d'une rigoureuse neutralité.

« Je vous adresserai incessamment un projet de note dont
« la rédaction aura été concertée avec le gouvernement de Sa
« Majesté britannique, pour notifier la déclaration présente
« au gouvernement auprès duquel vous êtes accrédité. »

Quelques jours plus tard, les pièces qui suivent furent
adressées aux mêmes agents.

« *Paris, le 5 avril* 1854.

« MONSIEUR,

« J'ai l'honneur de vous transmettre le projet d'une
« note que vous voudrez bien adresser immédiatement
« au Gouvernement auprès duquel vous êtes accrédité, pour
« lui faire connaître les principes que la France et la Grande-
« Bretagne appliqueront aux neutres dans le cours de la
« guerre actuelle, ainsi que la résolution qu'ont prise les
« deux gouvernements de ne point délivrer, quant à présent,
« de lettres de marque.

« Le représentant de Sa Majesté britannique recevra l'ordre
« d'adresser au gouvernement de... une communication
« analogue.

« Vous voudrez bien me transmettre la réponse du gou-
« vernement de... dès qu'elle vous sera parvenue, et faire
« les démarches nécessaires pour qu'elle soit conforme à la
« juste attente des deux gouvernements. »

### PROJET DE NOTE.

« Le soussigné a reçu l'ordre de son gouvernement
« d'adresser à S. Exc. M... la communication suivante :

« S. M. l'Empereur des Français et S. M. la Reine du
« Royaume-Uni de la Grande-Bretagne vont se trouver dans
« la nécessité de recourir à la force des armes pour repousser
« les agressions dont l'empire ottoman est l'objet de la part
« du gouvernement de S. M. l'Empereur de Russie. Voulant,
« autant que possible, diminuer pour le commerce les con-
« séquences funestes de l'état de guerre, Leurs Majestés ont
« résolu de ne point autoriser la course, quant à présent,
« par la délivrance de lettres de marque, et de faire connaitre,
« en même temps que cette résolution, les principes qu'elles
« entendent appliquer à la navigation et au commerce des
« neutres dans le cours de cette guerre. C'est dans ce but
« que S. M. l'Empereur des Français a fait publier la décla-
« ration ci-jointe, identique à celle que S. M. la Reine du
» Royaume-Uni de la Grande-Bretagne et d'Irlande a fait pu-
« blier de son côté.

« En restreignant l'exercice de leurs droits de belligérants
« dans des limites aussi étroites, les gouvernements alliés se
« croient fondés à compter sur les efforts sincères des gou-
« vernements qui demeureront neutres dans cette guerre,
« pour faire observer par leurs sujets (ou nationaux) les
« obligations de la neutralité la plus absolue. En consé-
« quence, le gouvernement de S. M. l'Empereur des Français
« a la confiance que le gouvernement de... accueillera avec
« satisfaction l'annonce des résolutions prises en commun
« entre les deux gouvernements alliés, et voudra bien, par
« une juste réciprocité, donner des ordres pour qu'aucun
« corsaire sous pavillon russe ne puisse être armé ni ravi-
« taillé, ni admis avec ses prises dans les ports de... et pour
« que les sujets... (ou citoyens)... s'abstiennent rigoureuse-
« ment de prendre part à des armements de ce genre ou à
« toute autre mesure contraire aux devoirs d'une stricte neu-
« tralité. »

Ainsi, jusque dans les détails de la notification qu'elles
firent de concert, la France et l'Angleterre eurent à
cœur de manifester par un langage identique leur parfait accord. Cette union intime ne se démentit pas pen-

dant la suite des événements. Si, dans l'application des règles posées en commun, quelques divergences se firent jour encore sur des points secondaires, elles furent facilement aplanies ou demeurèrent sans conséquence. Malgré l'entente générale sur les principes, des opinions ou des habitudes particulières pouvaient, à certains égards, marquer la trace de pratiques si longtemps opposées. Des instructions furent envoyées par les deux gouvernements aux commandants de leurs marines respectives, afin d'atténuer les différences qui subsistaient et qui firent d'ailleurs le sujet d'un complément d'explications amicales échangées entre les cabinets de Paris et de Londres.

Les neutres profitèrent largement de toutes les facilités qui leur étaient accordées. Ils n'en abusèrent point, et pendant toute la durée de la guerre la France et l'Angleterre n'eurent pas à regretter leur généreuse initiative. Cette expérience, comme on devait s'y attendre, fut concluante. Le progrès des mœurs secondant la réforme des doctrines, les nouvelles règles, éprouvées par la pratique des deux grandes puissances maritimes, furent universellement acceptées comme un bien pour toutes les nations. En Angleterre comme en France, les classes commerçantes, loin de voir avec jalousie la sécurité que ce régime libéral donnait à des intérêts rivaux, se félicitaient du développement général des transactions qui en était la conséquence, et sentaient que tous étaient appelés à y trouver également leur avantage. L'Exposition universelle de 1855 organisée à Paris pendant que nos armées de terre et de mer combattaient en Crimée et dans la Baltique, fournit, on s'en souvient, une preuve éclatante de la vigueur et du succès avec lesquels les travaux de la paix étaient poursuivis au sein même d'une guerre acharnée. Un tel spectacle était une gloire pour le siècle où il se produisait pour la première fois, et il devait inspirer une juste confiance dans l'avenir des idées dont il signalait le triomphe. De plus en plus les cruelles nécessités de la guerre étaient circonscrites dans un cercle étroitement tracé, en dehors duquel l'humanité pacifique et industrieuse gardait ses droits.

Le système inauguré pour la guerre de 1854 répondait si bien à des besoins communs à tous les peuples, qu'il prit, sans difficulté, le caractère d'une réforme définitive du droit international. Au Congrès de paix réuni à Paris en 1856, les plénipotentiaires qui eurent pour mission de consacrer les résultats de la guerre, se trouvèrent naturellement amenés à y comprendre la confirmation des règles qui avaient été observées par les puissances belligérantes à l'égard des neutres. Ce fut l'objet de la déclaration de Paris du 16 avril 1856, conçue en ces termes :

1° La Course est et demeure abolie.

2° Le pavillon neutre couvre la marchandise ennemie, à l'exception de la contrebande de guerre.

3° La marchandise neutre, à l'exception de la contrebande de guerre, n'est pas saisissable sous pavillon ennemi.

4° Les blocus, pour être obligatoires, doivent être effectifs, c'est-à-dire maintenus par une force suffisante pour interdire réellement l'accès du littoral ennemi.

A cette déclaration ont accédé toutes les puissances, excepté l'Espagne, le Mexique, et les États-Unis de l'Amérique du Nord. Les deux premières ne firent des réserves que sur le droit d'armer des corsaires, mais elles donnèrent leur adhésion aux autres articles. Quant aux États-Unis, ils auraient accepté la déclaration tout entière, si l'on y eût ajouté une clause relative à l'inviolabilité de la propriété privée sur mer.

Sauf ces restrictions, les arrangements conclus en 1854 entre l'Angleterre et la France sont tombés dans le domaine public et placés désormais sous l'autorité du droit des gens.

Ce résultat était facile à prévoir. A l'ouverture de la guerre, dans le cours des négociations avec le cabinet de Londres, nous insistions, afin de désarmer sa résistance et de lever ses scrupules, sur le caractère temporaire des concessions que nous lui demandions; mais dans notre pensée, ce régime, en apparence transitoire, était destiné à se perpétuer par la force des choses et d'un consentement unanime. En effet, lorsque des intérêts considérables se sont développés, pendant un certain temps, sous l'abri d'un système plus libéral, ils deviennent à leur tour les fermes appuis et les invincibles défenseurs du régime qui les a d'abord protégés.

Orléans. — Imp. Ernest Colas.